MÉMOIRE DE LA DOUCEUR QUI VIENT

Éric SEMERDJIAN

MÉMOIRE DE LA DOUCEUR QUI VIENT

Turcs, Arméniens : sortir de l'empêchement

© L'Harmattan, 2010
5-7, rue de l'Ecole polytechnique ; 75005 Paris

http://www.librairieharmattan.com
diffusion.harmattan@wanadoo.fr
harmattan1@wanadoo.fr

ISBN : 978-2-296-13317-4
EAN : 9782296133174

« Il faudrait tout l'avent d'une longue gestation jusqu'à ce que le souvenir se change en désir, jusqu'à ce que le rappel du corps passe en corps d'écriture »
Claude-louis Combet

« Un tout petit Cronope cherchait la clef de la porte d'entrée sur la table de nuit, la table de nuit dans la chambre à coucher, la chambre à coucher dans la maison, la maison dans la rue. Là, le Cronope s'arrêta car, pour sortir, il lui fallait la clef de la porte »
Julio Cortazar

A Diane et Antoine

AVANT-PROPOS

Jusqu'à onze ans je n'ai eu aucune appréhension d'une quelconque identité arménienne, pas plus d'ailleurs, que la conscience d'un héritage particulier lié à la tragédie génocidaire. Nous étions une famille française, j'étais un collégien français, timide et plutôt silencieux. Avec le recul, je serais tenté de dire que seul un physique que je décrirais comme « adultomorphique » me distinguait visiblement de mes camarades. Moins perceptible, s'y ajoutait un légalisme hypertrophié qui contenait peut-être la peur d'une différence dont le dévoilement pouvait surgir à tout moment ; prouver son intégration pour l'enfant des HLM de la Blancarde à Marseille était un souci quotidien, qui ne souffrait aucun relâchement, aucun écart, aucune révolte.

Cartable de ministre, cravate et chaussures cirées jusques aux semelles, et, collé sur le classeur d'histoire, le portrait du général de Gaulle, modèle admiré d'une France de l'ordre et de la grandeur : je devais ressembler vers douze ans à un petit immigré ayant ingéré les rêves d'assimilation, d'ascension sociale et de transparence identitaire d'un père en exil assumé d'arménité.

Ma conscience d'un héritage de la différence et l'intrusion inopinée d'une mémoire de la perte sont intimement liées à un souvenir de ma vie de collégien.

Je suis en 6ème, la scène se déroule durant l'interclasse. J'attends mon tour devant le distributeur de boissons sous le préau du Lycée Saint Charles.

Devant moi se tient un garçon à la silhouette efflanquée. Une impression de maturité et de mélancolie mêlées se dégage d'un corps trop vite grandi, un corps silencieux, presque grave. Si nous ne sommes pas dans la même classe, je connais néanmoins son nom. Quarante ans après je n'ai pas oublié son regard devant le néant qui répondit à l'attente du gobelet, une fois la pièce avalée par le distributeur. Zilberstein n'en conçut ni révolte ni colère.

Il semblait assister à quelque scène fondatrice qui se jouait à nouveau et qu'il convenait de regarder dans les yeux comme l'on considère un héritage obligé. Un héritage de la perte vécue dans l'acceptation. La perte comme vieille connaissance. Il observa consciencieusement le liquide gazeux s'écouler jusqu'à la dernière goutte, jusqu'au dernier tremblement de la machine. Ses yeux croisèrent les miens et, dans ce moment suspendu, j'eus l'étrange sensation d'une fraternisation, le sentiment diffus que cette perte anecdotique nous renvoyait tous deux à une autre, plus radicale et plus profonde, à une histoire partagée dont je pouvais saisir l'écho sans être toutefois en capacité d'y mettre le moindre mot.

Je ne savais pas ce qu'était un juif, ni davantage un arménien, et j'ignorais tout des deux premiers génocides du XXe siècle. Mais j'avais perçu notre identité et notre différence communes, celles des étrangers.

Zilberstein, mon frère en histoire et en silence. Nous ne devînmes jamais amis, nous ne fîmes jamais partie du même groupe de copains.

Un simple salut de reconnaissance résumait nos échanges quand nous nous croisions. Zilberstein. Je n'ai jamais oublié ce nom. Il est, pour l'héritier du génocide arménien que je suis et malgré les années, fondateur d'une conscience solidaire de toutes les mémoires assassinées, individuelles ou collectives, dans leur universalité.

Cet essai, étrangement, lui doit beaucoup, comme il doit aussi à deux femmes, Janine Altounian[1] et Hélène Piralian[2],

---

[1] *L'intraduisible*, Paris, Dunod, 2005.
[2] *Génocide et transmission*, Paris, L'Harmattan, 1995.

mes « bonnes mères arméniennes » dont les écrits m'ont accompagné tout au long de mon voyage de recherche dans les sédiments de ma mémoire familiale. Étrange voyage, qui débuta par une commande pour une contribution à un colloque, se développa dans l'appropriation d'une parole propre, pour s'achever dans la découverte d'un territoire dont l'évidence révélée au fur et à mesure de ma quête pouvait donner sens à un essai plus singulier.

L'escamotage des corps est au centre de la question arménienne : corps volés dans la mort et la souffrance pour les victimes du génocide, corps empêchés pour les survivants en défaut d'inscription et d'héritage générationnel, mais corps empêchés aussi pour les héritiers des bourreaux sans cesse renvoyés au meurtre fondateur.

Du corps indistinct et nié des 1 million 500 000 arméniens massacrés aux corps de mon père et de ma mère ; de mon propre corps à celui de mes frères, de ma famille, et à celui de mon « ennemi », c'est dans ce parcours que s'est bâti le corps du livre.

Plus j'avançais dans le travail, plus ma tentative de saisir les archipels de la mémoire familiale se précisait, et plus le renvoi à l'image des corps se faisait prégnant. Corps suppliciés des victimes du génocide, corps errants que nos mémoires n'ont pu enterrer, parce que niés dans leur mort réelle et leur existence même par le négationnisme de l'Etat Turc; corps des survivants du génocide, corps coupables, habités d'un trop-plein de fidélité mémorielle, corps-sarcophages, corps incestueux, gros des transmissions aléatoires et des générations mêlées dans l'impossible deuil, corps malades des violences héritées, corps fendus entre indispensable mémoire et futur nécessaire, corps désirants dans le peu ou les restes, corps locataires, sans âges, sans cesse renvoyés au meurtre initial, hypnotique et perpétuelle entrave, corps trop protégés des peurs de répétitions meurtrières, corps en miroir, lourds de haine dans un face à face mortifère entre le bourreau et la victime.

Mon corps, enfin, effrayé de mon intrépidité à entreprendre seul le voyage sur les lieux de la déflagration. Car on ne visite pas impunément les sépultures encore ouvertes des morts-vivants, on ne traite pas sans danger des séquelles de leurs béances dans les inconscients familiaux et dans la géographie intérieure du bourreau.

Pour m'être présenté à vingt ans, comme le dit la chanson, « riche de mes seuls yeux tranquilles » devant mon premier travail de réappropriation identitaire, je sais aujourd'hui que l'on risque de mourir d'écrire quand l'histoire, trop douloureuse pour être dite et transmise, remonte d'un bloc à la surface.

Avec ces pages s'achève un long périple, tous risques assumés et dangers affrontés, dans l'archéologie de ma mémoire familiale. Le territoire exploré, pour le survivant du génocide que je suis, porte un nom : « l'objet », dans son acception psychanalytique, ou plus simplement « le corps », dans le langage commun.

Ce récit n'est qu'un essai, au sens premier, qui ne prétend ni à l'exemplarité ni à la généralisation. Fruit d'échos de mémoires, il se prolongera peut-être, rebondissant en d'autres échos singuliers, pour d'autres voyages.

LES CORPS SUSPENDUS

30 août 2009.

La brise fait ses gammes dans les bambous du jardin de la maison familiale, ébouriffant leur haut feuillage dans un feulement aigu. Une table de jardin, un parasol et, tout près de moi, dans son fauteuil, mon père flotte. Je perçois le léger tremblement de ses mains blanches sur son menton. Elles sont jointes, comme pour la prière.
De ses mots rares et ânonnés dont j'ai appris depuis cinq ans à décrypter l'étrange difficulté, il m'interroge sur mon travail. Je lui réponds évasivement « un rapport à finir pour le bureau, papa ».
Ma réponse semble l'apaiser. Il ferme les yeux. La pâleur de son teint, son silence, et sur les bras et le visage, les griffures causées par la maladresse de ses gestes, contrastent avec la douceur du moment. Je relis mon manuscrit près de lui. Nous sommes tout proches, à moins d'un mètre l'un de l'autre. Je le regarde de temps en temps, mon père en exil intérieur, mon père habité depuis maintenant cinq ans de son silence de cire.
Dans la force de la vie, il exerçait le métier de transitaire sur le port de Marseille, un vrai métier d'arménien. Flux d'hommes et de marchandises, embarquements, débarquements, transhumances, promesses d'arrivées et de départs, errances maritimes, terres d'accueil, de transit, et promesses d'ailleurs éternellement rêvés. En écho, l'arrivée en France, dans les années 20, des bateaux de la SDN[3] chargés des Arméniens survivants du génocide. Pauvres

---

[3] SDN : Société des Nations, née en 1919 du Traité de Versailles.

marchandises aux noms souvent mal traduits, à la naissance aléatoire, familles béantes, décomposées, recomposées, apatrides, statutairement apatrides.

Dans la foule des exilés, mes grands-parents, Mariam et Ardaches.

Les morts, restés en terre ottomane, privés de sépulture, commençaient eux aussi leur longue errance.

Dès le début de mon périple, les premiers corps qu'il me fut donné de croiser furent ceux-là, les « suspendus » de l'histoire, corps indistincts en condition, sexe et âge, masse informe identifiée par un chiffre, 1 million 500 000, et une date de naissance unique et collectivement partagée, 1915.

Massacrés, torturés, vêtus de mort niée et orphelins d'une reconnaissance jamais octroyée, ils forment une effrayante cohorte. Corps suspendus, en quête désespérée d'une tombe à investir. Peu leur importe laquelle : corps bienveillants des survivants, ou sépulture symbolique d'une reconnaissance à venir. Malgré la tentation, il convient donc, pour tout voyageur avisé, de les tenir à bonne distance et d'éviter de les côtoyer en trop grande empathie car ils sont source de mélancolies et de souffrances irradiantes.

Ce sont les exilés de l'histoire, en attente de mort réelle. Un long cri d'agonie jamais apaisé. Les approcher, cœur gonflé de tendre fidélité, peut tuer. Dans leur errance séculaire, ils ont acquis l'art de déceler les anfractuosités, failles ou brèches propres à leur assurer le repos refusé par le bourreau. Alors, ces innocents frappent à la porte des survivants dont ils ne supputent ni la vulnérabilité ni la difficile adaptation à vivre dans un monde qui les avait programmés morts.

Ce sont les « sans sépultures fixes » des généalogies improbables, des difficiles transmissions et des silences familiaux. L'écho de leur plainte m'a accompagné durant ce voyage, et j'ai dû me prémunir à chaque instant contre leur invitation trop pressante à me prendre par la main. Car elle peut s'avérer dangereuse. On répond d'abord à un murmure, étonné, touché, ému, curieux. Puis on en veut davantage.

Alors on appelle, et le murmure devient parole, et la parole enfle jusqu'au fracas assourdissant de la fidélité coupable due aux suppliciés : cette fidélité qui harcèle l'esprit dans un rappel lancinant à la plainte des suspendus, véritable supplique aux vivants : « un linceul, à tout prix ! ».

Moi je les ai vus, de mes yeux vus, faire linceul du corps soudain trop offert de mon père. Mon père au corps tout-puissant des années de silence, puis mon père arménien révélé, au corps-sarcophage, habité d'une mémoire longtemps contenue. De ces deux pères, celui que je n'ai jamais renoncé à interroger, c'est l'arménien orphelin, l'arménien « malgré tout ».

Je me suis fait déchiffreur, interprète et traducteur des silences de son exil intime. Le voyage ne fut pas sans danger, pour lui comme pour moi. Nous savions inconsciemment ce qu'il en coûte de se rapprocher trop près de la brûlure initiale.

Mon père ne se contenta pas de me mettre en garde contre le péril que représentaient les « morts-vivants » de notre histoire : à soixante-treize ans il les affronta pour la première fois, droit dans les yeux. Il avala tout, la horde dépenaillée des massacrés, un père et une mère trop peu connus, une langue trop peu parlée, un pays rêvé. Il les a engloutis dans un hoquet, et s'en est excusé auprès de moi dans la dernière phrase audible de sa vie d'homme debout. Le danger ainsi circonscrit par la sépulture provisoire que formait son corps investi, je pus, au-delà de la douleur, continuer mon exploration dans une relative sécurité. L'image des corps suppliciés de 1915 et l'errance des corps non-enterrés restent constitutives de ma mémoire arménienne.

Évacuer cette réalité serait nier jusqu'à ma propre vie puisque j'en suis l'un des héritiers directs, mais les reconnaître comme tels m'effraie tout autant : devrais-je moi aussi leur faire sépulture de mon corps pour apaiser leur souffrance et prouver ma fidélité à leur mémoire ?

J'ai le sentiment d'être devenu orfèvre dans le maintien d'un équilibre précaire entre la nécessité vitale de reconnaître ces ascendants jamais inhumés et celle de trouver, malgré tout, les termes d'une médiation entre eux et moi pour les faire vivre sans qu'ils ne me menacent. Encore faut-il avoir identifié le danger, car la mort nous guette, car nos morts-vivants nous guettent et ils nous guetteront tant que les tombes resteront béantes.

Le déni est constitutif et concomitant de l'acte génocidaire. Cette entreprise visant à tuer la mort fait des vivants à venir des apatrides par ascendance et des générations privées à jamais d'enracinement symbolique. Si les morts n'ont pas existé, le meurtre n'a pas eu lieu et le bourreau n'est que la victime d'un mensonge collectif. Alors, si les assassinés de 1915 errent encore dans l'attente d'un statut que la Turquie leur refuse toujours, essayons, nous, leurs petits-enfants, ou arrières petits-enfants, avec nos fragiles outils, de bien enterrer nos pères et nos mères ; gardons nous de nous muer en « corps-sarcophages » de l'impossible deuil qui fait de la filiation, encore aujourd'hui, un douloureux exercice.

Nos enfants sont-ils des créatures monstrueuses, fruits du ventre des morts que nous abritons dans nos corps trop fidèles ? Sommes-nous des générations incestueuses par nature, lieux d'un corps unique ? Se préserver de cette nidification mortifère est un exercice de chaque jour qui requiert ruse et vigilance. Ne dormir que d'un œil, n'être jamais en repos.

LES CORPS RÉINVENTÉS

Au début des évènements de 1915, Ardaches, mon grand-père, était jeune médecin à Constantinople et Mariam, sa fiancée, institutrice dans la ville de Sivas en Anatolie. Femme de tête et d'une grande intelligence, c'est ainsi qu'elle me fut décrite par de nombreux témoignages, ma grand-mère parlait couramment français, avait voyagé en Italie et en Autriche où l'histoire dit qu'elle avait rencontré le psychanalyste Jung. Militante politique, elle était par ailleurs soliste dans la fameuse chorale du père Komitas et peintre à ses heures. En témoignent deux tableaux, une scène pastorale et une vue de l'Etna, seuls restes d'un beau talent classique.

De leur rencontre, dans ces années de terreur, puis de leur exil, il n'existe pas moins de quatre versions différentes.

Elles ne furent évoquées qu'une seule fois, lors d'un dîner familial qui réunissait trois générations, dont mon père, sa sœur aînée, ma fille et moi-même. Si les quatre scénarios convoqués ne concordaient pas, du moins fus-je frappé ce soir-là par la certitude absolue que chacun manifestait dans la détention de sa vérité. Je racontai donc l'histoire d'Ardaches et de Mariam telle que mon père me l'avait transmise.

Leurs études à peine terminées, les jeunes fiancés qui vivent à Constantinople voient poindre avec inquiétude les prémisses du meurtre à venir.

Arrestations des intellectuels arméniens, éradication des têtes pensantes, la chasse est ouverte. Le premier génocide du XXe siècle est en marche. Ardaches doit se cacher, Mariam est en instance de départ pour Sivas, mutée pour son premier poste d'institutrice.

Dans une prémonition qui se révèlera salvatrice, tous deux se promettent de se retrouver en France si par malheur leurs vies étaient menacées et le contact rompu. Un couple d'amis voyageant alors en Europe leur avait envoyé une carte postale représentant l'Arc de Triomphe de la porte d'Aix à Marseille et vanté les charmes de la belle métropole phocéenne.

C'est donc là qu'ils se retrouveraient, en ce lieu improbable, au pied de l'Arc de Triomphe, si la vie les séparait et les menaces de mort se précisaient. Recherché, pourchassé, mon grand-père trouva rapidement un bateau, partit le premier pour la France et, fidèle à sa promesse, réussit à gagner Marseille. Quelques mois plus tard, Mariam, sans nouvelles de son fiancé, fut arrêtée et déportée vers le désert de Syrie dans les colonnes de la mort où les arméniens périrent par milliers. Hommes, femmes, enfants, vieillards : le premier génocide du XXème siècle inaugurait un monde en gestation de recomposition nationale et géopolitique. Les dirigeants Jeunes Turcs profitèrent de cette accélération de l'histoire pour accomplir leur sombre dessein sans que les voix et témoignages indignés qui se firent alors entendre sur la scène internationale ne changent le cours d'une extermination programmée. Au cours de ce voyage vers la mort, Mariam fut un jour chargée avec quelques autres femmes de la corvée d'eau quotidienne. À la fontaine et sous l'œil des soldats turcs, elle réussit néanmoins à engager une brève conversation avec trois jeunes filles venues d'un village voisin. Proximité de l'âge, solidarité de femmes, acte de résistance, de compassion ?

Toujours est-il qu'en quelques mots brièvement échangés, celles-ci lui proposent de la cacher si elle arrive à fausser compagnie à ses tortionnaires et lui fixent rendez-vous au même endroit le lendemain matin. Les longues cohortes de déportation vomissaient chaque jour leur lot de cadavres. Assassinats, épuisement, maladies, exactions de toutes natures. Une véritable route de la mort sous prétexte fallacieux de déplacement de population. Personne ne devait arriver à destination. C'est en se maculant du sang des cadavres et en se mêlant au corps des morts du jour que Mariam réussit, pendant la nuit, à échapper à ses bourreaux. Elle attendit ainsi le petit matin, toute recouverte de mort. Alors que la colonne s'ébranlait pour une nouvelle journée de marche, les soldats turcs, avant de plier le camp, piquèrent de leurs baïonnettes les corps gisant à ciel ouvert pour s'assurer de leur mort réelle. Mariam en reçut la morsure dans le ventre, mais ne broncha pas. Les jeunes filles tinrent leur promesse. Elles vinrent la chercher à l'heure et au lieu dit. Cachée dans leur maison durant plusieurs mois, elle servit de préceptrice aux enfants de la famille.

Mariam, au bout de quelques mois de cet enfermement volontaire et après une longue route qui la ramena à Constantinople, réussit à embarquer sur un bateau de la Société des Nations et rejoignit la cité phocéenne, sa terre d'exil et de promesse d'un hypothétique fiancé, dont elle était sans nouvelles depuis de nombreux mois. Ardaches, pendant ce temps, s'était rendu chaque jour à la mi-journée à la porte d'Aix, au pied de l'Arc de Triomphe, avec la certitude d'y retrouver un jour Mariam. Arrivée à Marseille, prise en charge par la Croix Rouge, ma grand-mère fut dirigée vers le Camp Oddo, lieu d'accueil des réfugiés arméniens, lieu emblématique pour les rescapés du génocide. L'incroyable se produisit alors, tous deux se retrouvèrent au rendez-vous dicté par la carte postale.

Mariam fut directrice des classes élémentaires et enseigna le français au Camp Oddo, Ardaches y fut professeur de sciences naturelles puis chargé de la veille sanitaire pendant quelques mois avant de reprendre son activité de médecin. Photos d'époque et textes en attestent. Un article du Petit Provençal en 1925 relate leur mariage et les noms de quelques-uns de leurs invités. Durant ces années, la maison de mes grands-parents devint une sorte de consulat officieux d'Arménie.

Ardaches soignait, Mariam, rare arménienne parlant français, s'occupait des papiers des réfugiés, traduisait, conseillait. Mon père naquit à Marseille le 8 juillet 1932. Il fut naturalisé français de parents apatrides le 24 novembre 1934. Mon grand-père mourut sept ans plus tard d'une crise cardiaque. Ma grand-mère lui survécut dix ans avant d'être emportée par une septicémie foudroyante.

Voilà l'histoire de mes grands-parents, telle que je la restituai au cours de ce dîner.

Mon père fut le premier à réagir : il n'avait jamais entendu parler de cette carte postale ni de cet incroyable récit de retrouvailles à Marseille, et encore moins de la rencontre avec Jung en Autriche, selon lui tout droit sortie de mon imagination trop fertile.

Il valida le reste : la fuite et l'exil de son père, la déportation de sa mère, l'acte de bravoure qui lui valut sa survie, le bateau de la SDN, le Camp Oddo, l'organisation de leur vie d'immigrants à Marseille. Mais il certifia ne m'avoir jamais raconté la romance des deux exilés de Constantinople.

Il commença donc à son tour le récit de la vie des deux fiancés avant leur séparation et du départ de ma grand-mère pour Sivas, mais fut bientôt interrompu par sa sœur restée jusque-là silencieuse : elle nous raconta le troisième scénario.

Dans cette version Mariam et Ardaches ne se connaissaient pas au début des premières exactions du gouvernement Jeune Turc contre l'intelligentsia arménienne. Mon grand-père, recherché, se terra à Constantinople au plus fort du génocide. Quant au récit de la déportation de Mariam, de son acte de survie et de son sauvetage, il concordait en tout point avec le mien et celui de mon père.

Par contre la suite du récit différait. Après avoir été cachée plusieurs mois, Mariam entreprit de revenir à Constantinople. L'histoire de ce voyage à pied à travers la Turquie, qui dura plusieurs mois, prit dans la bouche de ma tante la forme d'un récit épique. Plusieurs fois sa mère risqua sa vie, ne devant son salut qu'à une résistance hors du commun, une prescience du danger, une intuition de la confiance accordée au fil des rencontres ou encore à la beauté de sa voix de soprano dont elle usa pour charmer une troupe de soldats turcs qui voulaient l'arrêter.

Parvenue à son but, elle retrouva sa mère restée à Constantinople et apprit la mort de son père, torturé et assassiné par la police turque. Elle reprit peu après un travail précaire d'institutrice dans une école privée arménienne. En effet, « turquisés » de force ou volontairement jusque dans leur nom, des arméniens vivaient encore dans la capitale. Ma grand-mère entreprit alors d'informer la communauté internationale sur ce qu'elle avait vu et vécu, de la sensibiliser sur les atrocités commises à l'encontre des arméniens et de la mobiliser. Collectant les témoignages des rescapés du génocide, elle organisait des conférences. C'est au cours de l'une d'elles qu'Ardaches, venu témoigner, rencontra Mariam-la-rebelle et s'éprit de cette femme aussi belle que courageuse.

La majeure partie de leurs familles respectives avait été décimée par le génocide, et les rares survivants avaient trouvé terre d'accueil en France ou aux Etats-Unis. De nouveau inquiétés par les autorités et la police ottomanes, tous deux décidèrent à leur tour de fuir la Turquie avec la mère de Mariam.

Ils embarquèrent dans un des derniers bateaux mis à la disposition des Arméniens par la SDN.

Du silence qui suivit, lourd des questions que soulevaient ces variations d'un unique roman, une petite voix monta, celle de ma fille, âgée alors d'une dizaine d'années.

Restée silencieuse et attentive durant cette confrontation des récits, elle se tourna vers mon père, le regarda avec gravité et lui dit : « Mais, papy, moi je croyais que tu étais né en Arménie... ». Ce fut la quatrième et dernière version de notre mémoire d'exil.

LES CORPS IRRADIÉS (1)

Au cours de ce périple dans notre mémoire familiale, la première chose qui me frappa chez mon père fut moins son apparence corporelle que l'appendice qui prolongeait en toutes circonstances et dans un continuum physique, son bras droit.
Aussi loin que je me souvienne, son image est intimement liée au gros cartable en cuir dont il ne se défaisait jamais. Travail, vacances, sorties, cet appendice ventru le suivait partout. J'entends encore, écho lointain de mon enfance, un de ses amis lui dire : « Mais, Oscar, tu transportes ta vie là-dedans ! ».
Et l'on y trouvait de fait, dans un maelström organisé, documents de travail, photos passées et récentes, documents administratifs de toutes sortes, actes de propriété, fiches d'état civil, passeports familiaux... Un véritable résumé de vie.
Cadre supérieur, puis élu de la République française, mon père, apparemment intégré, ne se séparait jamais de son kit de survie qui contenait l'essentiel des maigres traces du passé et les éléments indispensables à un nouvel exil fantasmatique.
Ce cartable était tout à la fois le territoire symbolique du souvenir, d'une intégration qui resterait toujours à prouver, et d'un futur aléatoire pour lequel il convenait d'être prêt à tout instant, avec armes et bagages.
Armé, je le suis depuis l'enfance. Armé de mon cartable, depuis celui de l'école jusqu'à celui qui, aujourd'hui, me tient lieu de territoire du souvenir. Je le définirais, contrairement à mon père, non comme un kit de survie, mais plutôt comme

un cimetière, lieu symbolique de la peur circonscrite, mais aussi territoire de la dette et d'un deuil inachevé.

S'y entassent en effet, comme autant de petites tombes au contenu supposé, mille enveloppes jamais ouvertes : courrier de l'administration fiscale, factures, impayés en tout genre, lettres de rappel, relevés bancaires, que je mets un point d'honneur à ignorer, trop certain d'un contenu que j'imagine éminemment meurtrier. Mon cartable est l'incarnation géographique et identifiée de la menace toujours prête à surgir.

N'en connaissant ni l'heure ni la date, je reste vigilant, souvent inquiet. Ces missives m'accompagnent en tout lieu, en tout temps, et leur nature potentiellement assassine me rappelle à chaque instant le risque d'une déflagration meurtrière susceptible de se réveiller. Soucieux d'une économie domestique qu'entretiennent une véritable adresse de jongleur et une créativité sans cesse renouvelée, j'ai le sentiment de tenir ainsi ma mémoire et ma dette, à bout de bras.

« Antoine, on va au cinéma... ! Tu as vraiment besoin de trimballer ce cartable partout où tu vas ? ».

Le cartable de mon fils s'est considérablement allégé. Il se porte en bandoulière avec décontraction, voire un brin de désinvolture bohème. Il est léger, garni du journal du jour, d'un livre ou de quelques affaires de rechange pour ses transhumances multiples. Certes, comme son père et son grand-père, il ne s'en sépare que rarement. Mais, semble-t-il, le fardeau semble moins lourd à porter...

LES CORPS IRRADIÉS (2)

La seule terre qu'ait jamais investie mon père furent les quelques arpents où nous plantions notre tente chaque année, dans le Haut Var, pour quelques semaines de camping sauvage à l'entrée des gorges de l'Artuby. C'était son eldorado, son pays de cocagne. Quarante ans après, la nature porte encore les stigmates de nos étés en liberté : traces des terrassements annuels destinés à accueillir notre village de toile familial, planches et clous rouillés enchâssés dans de grands pins, restes d'un royal fauteuil fabriqué en rondins de bois mangé par la végétation.

« Le camp », c'était l'art de faire du luxe avec du peu, un retour à l'état sauvage et un exercice de survie familiale où chacun s'ingéniait à améliorer le confort de tous à partir des ressources que nous offrait la nature environnante.

Il était constitué d'un habitat de tentes, celle des parents, celle des enfants plus tard, et le marabout, structure logistique du dispositif, à la fois garde-manger, dressing et entrepôt. Arrimée à trois grands pins, constituée de planches de bois et surmontée d'un toit de tôles et canisses, une imposante cuisine d'été d'une extrême fonctionnalité formait le royaume de ma mère. L'autonomie en eau potable était assurée par une source naturelle que nous délivrions chaque année d'une dense végétation. Elle alimentait un lac naturel que nous traversions dans un petit bateau à fond plat, et nous offrait une eau fraîche stockée dans des outres en toile épaisse.

Nous le nommions « le camp ». Nous en étions les réfugiés volontaires, riches d'une fastueuse précarité.

La pêche à la truite assurait le luxe de notre quotidien. Nous la pratiquions avec mon père de manière quasi industrielle dans les gorges de l'Artuby, à la ligne ou au lancé, à la main avec mes frères, entourant les rochers qui affleuraient dans le courant, ou encore, jeunes braconniers aguerris, en immergeant de berge à berge des lignes de fond munies de plusieurs hameçons, redoutables pièges que nous allions relever à l'aube, comme les pêcheurs leurs filets.

J'ai encore entre les doigts le bonheur de la tension du fil, promesse de récolte assurée, du sursaut soudain des truites anesthésiées par leur trop longue lutte, le plaisir de l'interdit, le silence absolu dans lequel se déroulaient ces opérations conduites tard le soir ou tôt le matin. Nos équipées, c'était aussi une langue inventée par mon père, celle du réseau clandestin des braconniers que nous étions, une langue connue et partagée par nous seuls, langue d'un pays d'exil acceptable, peut-être la seule transmissible. Ainsi, devant les visages interloqués de quelques proches ou amis, mon père pouvait nous demander, l'air impénétrable, si nous avions bien « posé ou relevé les citrons », allusion aux prolifiques pièges dont nous quadrillions avec application la rivière. Nous acquiescions alors avec des mines de conspirateurs, conscients d'une clandestinité heureuse que protégeaient nos échanges cryptés et la bienveillante connivence paternelle.

Ce fut le pays de mon enfance.

Je peux aujourd'hui encore m'en remémorer avec précision chaque rocher, chaque trou d'eau, le grain et la couleur de la terre, le canal, les noisetiers, le moulin, l'usine de lavande, la lumineuse froideur des nuits étoilées, les éboulis dévalés sur les talons, les housses de toile confectionnées par ma mère et qui, remplies de paille fraîche, formaient des matelas ventrus et odorants, les saillies des racines de pins, les pierres aiguisées sur lesquelles nous blessions nos pieds jusqu'à ce qu'un cal protecteur signe notre retour à l'état sauvage, les teintes de rose que prenait la roche à la tombée du jour, les années à mouches, les années à guêpes, la cantine de nourriture en fer verte, odeurs de sucre, pain, chocolat et riz mêlées, le grincement des battants à chaque ouverture, les concerts de stridente linéarité des fermetures éclair, zips des vestes de survêtements en coton, zips intérieurs et extérieurs des tentes, la toilette au barrage le matin, l'eau gelée qui tétanisait nos muscles, les orvets, les couleuvres, les aspics dont quelques-uns, chassés précautionneusement, finissaient dans des fioles remplies de formol, la beauté d'un moulinet *Mitchell* dernier cri, les hameçons de 8 pour les truites, de 14 pour les ablettes, vers, sauterelles et autres portefaix, combien d'abdomens transpercés...

Sans compter l'art de changer le manchon d'une lampe à gaz sans l'abîmer. C'était tout cela, le « camp », l'apprentissage d'une économie du peu, de l'autosuffisance, d'une survie confortable, avec un terrain de jeu d'une somptueuse richesse. Cet exil joyeux, nous le vivions en fait hors du temps, corps exultants, tannés par le soleil, ivres de liberté. Ce fut, je crois, la seule terre d'ancrage de mon père, son seul pays. Il y fut jardinier, pêcheur, géologue, aventurier polyglotte, braconnier et ébéniste. Architecte du provisoire, artisan d'un luxueux dénuement, il y fut aussi arménien dans la transmission d'une économie du dépouillement, d'une pédagogie de l'exil et d'un joyeux vade-mecum de la survie que je ne peux m'empêcher d'associer à la difficile installation de mes grands-parents au Camp Oddo.

Quant à ma traduction personnelle de ce « savoir faire avec les restes », j'ai pu l'éprouver à maintes reprises, et plus particulièrement pendant les nombreuses années où j'ai peint : peinture de l'effacement, des restes, de la trace fragile, lavée.

La richesse de la palette et des couleurs était mon pire ennemi, le tube neuf d'acrylique ou le pinceau parfait, sources d'apathie. Seuls une forme de dénuement et le choix restreint des supports comme de la matière pouvaient m'amener à une excitation créatrice, un sentiment de plénitude et de liberté totale, parfois même susceptible de toucher à une véritable béatitude, au sens religieux du terme. La richesse, l'accumulation ou le « trop » généraient, paradoxalement, inhibition et ennui. J'attendais impatiemment le moment de la raréfaction des choix, de la pénurie. Le miracle d'une particule de couleur retrouvée dans l'anfractuosité métallique d'un tube éventré me soulevait de joie, un pinceau usé suscitait un art et une ingéniosité de touché qu'aucun matériel de prix ne pouvait me procurer.

Cet art consommé de la survie fut et reste pour moi la manifestation principale, dans toute l'étendue de son acception, de mon identité arménienne.

LES CORPS FOSSILISÉS

Tandis qu'affluent les souvenirs, mon regard se pose, comme chaque jour, sur le petit fossile placé sur mon bureau. Un cadeau de mon père. Grand chasseur de fossiles, il s'adonna longtemps à cette passion. La maison familiale en était remplie, exposés pour les plus beaux ou remisés dans le garage, en attente d'un traitement expert. Pendant des années, seul ou accompagné de ses enfants et amis, il est allé « faire les fossiles », selon son expression, comme on fait les blés, dans l'idée d'une récolte, ou peut-être comme on fait son devoir. « Je vais faire les fossiles, vous venez avec moi ?... ».
Munis de marteaux et de pics, nous passions alors des heures entières à extraire délicatement les précieux signes de vie enchâssés dans la roche, à ressusciter de leur oubli séculaire les traces de vie végétale ou animale. Nous ramenions à la lumière d'une révélation aléatoire mais toujours étonnée des parcelles de vie enfouie, vitrifiée, saisie. Ces petits morts-vivants que nous sortions précautionneusement de leur sépulture minérale, remontaient ainsi à la surface grâce à notre travail familial d'exhumation. Évoquant le souvenir lumineux que je conserve de ces battues sur les plateaux du Haut Var, je me dis aujourd'hui que nous étions alors tous légataires inconscients d'une transmission du traumatisme génocidaire. Cette transmission s'incarnait dans une pédagogie ludique qui nous parlait avec pudeur d'une représentation singulière de la mort très éloignée des caractéristiques qui y sont traditionnellement associées : la décomposition et le pourrissement. Là, le travail du temps avait préservé la vie morte ou la mort vivante dans un

réalisme que des siècles d'enfermement n'avaient ni altérée ni dégradée. En chacun de ces cailloux vie et mort se conjuguaient au même temps.

A travers notre errance dans la minéralité des collines varoises, à l'insu de mon père, à notre insu à tous, enfants et acteurs occasionnels des ces exhumations, se jouait la transmission de l'impossible deuil.

LES CORPS TÉMOINS

C'est dans un petit village des Hautes-Alpes que ma tante, la sœur aînée de mon père, fut enterrée après avoir lutté durant de nombreux mois contre un cancer. Lors de la dernière visite que je lui fis quelques semaines avant sa mort, je fus frappé par son courage devant une échéance qu'elle m'avait dite inéluctable et toute proche. Elle me prit alors la main, articula comme un adieu quelques ultimes mots tendres, puis, tenant toujours ma main serrée dans la sienne, elle l'amena délicatement contre elle et murmura : « Eric, touche ma peau, on dirait Toutankhamon ». Je la quittai, tout aussi bouleversé qu'étonné par l'apparente incongruité de la comparaison.

Effectivement je n'allais plus la revoir vivante. Quelques mois plus tard ces paroles mystérieuses trouvèrent un écho troublant dans la bouche de mon père.

Selon ses vœux, elle fut inhumée dans un petit cimetière, face aux montagnes, non loin du hameau où elle avait vécu avec son mari, avant de s'installer à Paris. De leurs trois enfants, c'est ma cousine, leur fille aînée, qui porte la mémoire arménienne de la famille en archiviste et légataire des « restes » de nos grands-parents arméniens. La seule, aussi, qui ait fait une partie de ses études dans une école arménienne.

La disparition de ma tante constituait le premier deuil familial de la génération née en France après l'exil de nos grands-parents dont j'ignore jusqu'à aujourd'hui le lieu d'inhumation. Terre commune, sûrement.

Mon père libérait les petits morts-vivants de leur prison minérale pour leur redonner vie, ma cousine, quant à elle, s'attacha, le jour de l'enterrement de sa mère, à capturer la réalité de la première vraie sépulture familiale.

C'est du moins l'interprétation que je donnai à un comportement qui fut perçu comme étrange par les parents et amis présents à ces funérailles.

Ma cousine, ce jour-là, de la mise en bière à l'église et jusqu'à la fermeture du caveau, photographia en un reportage minutieux chaque étape de l'enterrement de sa mère. La mort, dès lors, pouvait s'incarner en un lieu précis, et la preuve, imprimée sur la pellicule, garantissait que la défunte n'irait pas rejoindre la foule des errants non enterrés de notre histoire commune. Elle effectuait la première tentative familiale d'enracinement de la mort, le seul geste susceptible d'offrir la possibilité d'un travail de deuil et, par là même, d'une transmission intergénérationnelle. Et si le déni venait à se répéter, du moins, possédait-elle les pièces à conviction à faire valoir.

Ces photos circulèrent ensuite dans chaque maison, portées par mon oncle, comme s'il était vital que tous partagent cette preuve de la première mort « réelle » d'un membre de notre famille. Comme on partage un repas funéraire, en une sorte de communion. Comme on se partage aussi quelques effets du défunt, pour s'assurer d'en conserver le souvenir.

LES CORPS SARCOPHAGES

Comment définir le rapport de mon père à son identité ? Il a longtemps vécu dans une certaine distance vis à vis de la communauté arménienne. Son rapport à la culture s'incarnait plus dans les vers de Corneille, Victor Hugo ou Edmond Rostand qu'il aimait à réciter, ou encore dans quelques réminiscences de grec et de latin dont il nous faisait partager l'exotisme dans une prononciation hasardeuse.
Mais c'est d'abord par le silence que mon père exprima avec force sa relation à ses origines. Silence massif où rien ne fut raconté, nommé, appris, transmis volontairement. Silence qu'il observa durant les soixante-cinq premières années de sa vie, jusqu'à sa retraite.
Pendant toutes ces années, il fut un arménien exemplaire, dissimulé sous le masque d'un légalisme et d'un conformisme certainement issus de la peur fantasmatique que nous soyons découverts comme « étrangers ». Cette peur, sa peur qui irrigua toute notre éducation, pouvait prendre les formes les plus extravagantes, tel le brushing imposé à mon frère quand il était adolescent, afin qu'il ne présentât pas aux yeux du monde une tête frisée de métèque arménien mais bien la raideur capillaire qui, comme chacun sait, caractérise le vrai français de souche. C'est une histoire qui nous fait rire aujourd'hui, mais mon frère raconte encore avec terreur le traumatisme des météos pluvieuses qui le métamorphosaient en quelques minutes en immigré moutonnant des plateaux anatoliens.
Mais Arménien, mon père l'était par tous les pores de sa peau malgré son énergie à masquer les manifestations d'une sudation identitaire qui ne trompait que lui.

Il l'était physiquement d'abord et jusques aux bouts des doigts, inséparable de la bague en or qu'il porte encore aujourd'hui à l'index gauche. Formée de deux serpents entremêlés, ornés chacun d'un diamant en guise d'yeux, elle symbolise le serpent enroulé sur le bâton d'Hippocrate.

Elle avait appartenu à son père, le docteur Ardaches Semerdjian. La force et la mémoire de mon père vivent dans cette bague, j'en suis certain. Ce bijou, c'est l'orient et l'Asie résumés, l'Arménie à portée de main, Constantinople et le désert de Syrie, l'exil vers Marseille, le camp Oddo ; c'est tout ce qu'il a fallu dissimuler, les souffrances, l'arrachement, la différence, l'autre langue ; c'est la nécessité de survivre malgré tout, même orphelin de père à six ans et de mère à dix-sept ; c'est le goût des *dolmas* et du lait caillé, des *beureks*, les bribes de transmission fragile qui remontent à la surface, comme hallucinées de tant d'intrépidité.

La bague de mon père, c'est la langue non-transmise, mais néanmoins présente, la lampe d'Aladin que l'on frotte trois fois et la part tue que l'on cherche à faire surgir, tel un bon génie, c'est du miel et des noix mêlés, le sucre chaud, une indigestion de *pasterma*, c'est Ardashes, Mariam, Flora, Léon, le mot *apatride* sur les papiers d'identité de mes grands-parents et l'acte de naturalisation française de mon père en 1934, c'est mon premier voyage en Turquie à vingt ans sur les traces effacées de mes grands-parents, et les suivants, plus tard, en Arménie. Ce sont mes amis d'Erevan, Armen, Levon et tous les autres, le colonel Hovsep, si loin et pourtant si prés de moi.

C'est mon travail de fin d'études à Sciences-Po sur la question arménienne, trois mois d'enfermement, l'histoire qui déferle, et mes larmes, chaque jour, au fur et à mesure de l'avancée de mon travail. La bague de mon père, c'est quelques mois plus tard la manifestation des fantômes, une vilaine morsure pour m'être approché trop peu armé du lieu du meurtre, une sale tumeur à la parotide et, depuis, ce trou dans mon visage, devant les yeux chaque jour dans le miroir, « mémoire du mémoire » ou « mémoire de la mémoire ».

Cette bague, ce sont aussi mes enfants Antoine-Ruben et Diane-Sarah, c'est, selon leurs dires, mon silence de père, mon goût pour l'errance, la solitude, les voyages, les avions, les hôtels, les belles chaussures, c'est le port de Marseille et ses promesses d'exil maritime, les bateaux de notre enfance, les bateaux de notre père, comme nous disions, son métier de transitaire, les oranges dans les caisses à claires voies venant d'Afrique du Nord, mon bureau aujourd'hui tout près de celui qui fut le sien, avec le spectacle quotidien, juste sous mes fenêtres, des cargos et ferries entrant dans le port ou en sortant; la bague de mon père, c'est deux livres, les seuls qu'il m'ait transmis: *La Mère* de Pearl Buck, une histoire de mère sacrificielle, et *Self-help* de Samuel Smiles, un guide de bienséance, d'hygiène et de culture générale, véritable trousse de survie sociale ! Ce sont les histoires racontées quand nous étions enfants et qui débutaient invariablement par un énigmatique « Once upon a time », il était une fois... C'est une chanson de Joe Dassin reprise à tue-tête dans nos pérégrinations familiales en voiture « Qu'il est long, qu'il est loin ton chemin papa... », C'est sa passion des fossiles, les fêtes de l'association Ararat et les petits drapeaux arméniens et français confectionnés par ma mère comme symboles de leur alliance.

Cette bague, c'est un mystère que je n'ai jamais cessé de chercher à percer, le mystère d'Oscar, mon père arménien.
Après sa retraite et jusqu'à son accident, il renoua petit à petit avec son arménité, moins par la parole que dans l'action d'un engagement familial et communautaire. Ce furent alors les premiers gâteaux confectionnés pour ses petits-enfants et, je le découvris plus tard, ses premières recherches solitaires de traces écrites et iconographiques sur ses parents. Parallèlement, ce fut l'époque où je pris des responsabilités communautaires à la présidence de la Chambre de Commerce et d'Industrie Franco-arménienne. Avec le recul, je dirais que j'ai abordé cette charge pendant cinq ans moins

en Arménien qu'en professionnel de l'économie, en me fixant des objectifs d'efficacité qui crûrent de manière proportionnellement inverse à l'adhésion de mon conseil d'administration, inquiet puis agacé par mon exercice de plus en plus solitaire du pouvoir, mon absence totale de patience à saisir dans son ensemble une complexité identitaire que j'associais chaque jour davantage à un archaïsme communautaire pathologique et stérile.

Orgueilleux et déterminé, sûrement efficace, mais sourd à l'âme arménienne, je fus en somme le président français d'une institution arménienne. Mon père m'accompagna pourtant sur ce chemin, il m'y aida, mais je n'avais ni sa rondeur, ni son goût pour les longues réunions où le plaisir de se retrouver entre Arméniens égalait sans doute en importance le développement des relations économiques entre la France et l'Arménie.

Je fis sur cette terre jusqu'alors inconnue plusieurs voyages officiels, plus politiques qu'identitaires, et bien éloignés, à quelques incursions près, de la réalité de la vie quotidienne de ses habitants. « L'année prochaine en Arménie...!». Mon père leva son verre sur cette promesse. Il fut soudain secoué de tremblements, ses mots se firent difficiles, sa vie basculait sans qu'il ne puisse en contrôler le mouvement. Brève lutte, quelques mots d'excuses prononcés dans un souffle, un étouffement et puis le glissement progressif, l'abandon, le grand départ. Ambulance, service des urgences. Le diagnostic froid quelques heures plus tard : AVC, accident vasculaire cérébral.

« L'année prochaine en Arménie... » furent les dernières paroles audibles de mon père.

Au cours des semaines qui précédèrent son accident nous partageâmes en grande connivence une intense activité communautaire. Pour moi, sortie et promotion d'un livre, *Voyage en Arménie*, dont j'avais rédigé la préface, préparation et organisation du repas annuel de la Chambre de Commerce Franco-Arménienne, accueil en France de la première promotion des étudiants de l'Université franco-arménienne d'Erevan ; pour lui, dans le même temps, organisation de la fête annuelle de l'association Ararat et participation émue à l'accueil de ces étudiants dont l'un d'entre eux résidait chez lui. Il était partout, assurant la promotion du livre, aidant à l'organisation des deux évènements, s'occupant de la logistique, des invitations, de la manutention des tables et des chaises. Ses journées étaient arméniennes et je sentais confusément qu'il y avait quelque excès dans cet activisme, une accélération dangereuse, un trop-plein d'Arménie.

Mais rien n'y fit, ni nos recommandations de prudence, ni l'expression de notre inquiétude, ni même nos interdictions. Je le découvris quelques jours avant la tenue de son grand dîner annuel, déménageant quasiment seul les installations du gymnase qui devait accueillir ses quatre cents invités. Comme je l'enjoignais de mettre un terme à cette folie, j'ai soudain lu sur son visage une détermination bornée et silencieuse que ni ma colère ni sa fatigue croissante ne purent ébranler. Et je me souviens avoir vu dans ses yeux, l'espace d'une seconde, une expression étrange, peut-être celle d'un incontournable choix suicidaire. La grande fête de l'association Ararat se déroula pour lui dans la démesure. Il mangea, but et fuma sans aucune modération, il anima la soirée dans une grande excitation, congratulant, honorant, remerciant cette assemblée d'Arméniens en un mouvement échevelé.

Spectateurs sidérés, nous guettions le point de rupture, inquiets devant la pièce qui se jouait sous nos yeux, impuissants à modifier le cours de ce qui serait sa dernière représentation et ses adieux à la scène. Les jours qui suivirent furent de grande lassitude. Des jours d'abandon et de douceur résignée.

Papa, tu partais. Je me souviens de toi, d'habitude si présent, toujours en mouvement : « Je vais faire le jardin de Gérald », « Tu veux que je t'aide à repeindre ? », « Je vais planter des fleurs dans le jardin », « Il faut que je débarrasse le garage », « Comment tu vas mon coco ? », « Tu n'as besoin de rien ? », « Tu as des nouvelles de Renaud ? », « Il faut que je range mon bureau », « Et le travail, ça va ? », « Je me fais du souci pour Guy », « Il y a des travaux à faire à Saint Léger », « Et Antoine, il s'est mis au travail ? », « Ta mère vieillit, elle me fatigue.... ». Mais là, soudain, perdu dans le canapé vert du salon, tu semblais t'abandonner sans lutter contre la perfusion des morts-suspendus qui s'infiltraient lentement dans ton corps, en douceur, et tout ce que tu avais tenu à distance affluait ; tu en acceptais le poison dans une soumission proche du détachement.

Quelques jours s'écoulèrent, puis ce fut le repas de départ des étudiants arméniens, la dernière soirée, et surtout la promesse de t'amener en Arménie faite par un des élus présents, pour une hypothétique mission de jumelage.

L'Arménie ! L'Arménie, papa... Après ces années de silence, toute l'histoire est-elle revenue en boomerang ? Le pays enfoui, la terre de trop ? Je te regardais, tu as levé ton verre, puis tu as prononcé ces paroles comme un défi, un passage en force. C'était, je crois, un quitte ou double, cette fois ou jamais. Ce fut jamais.

Soudain tu as rendu les armes. Toi qui les avais tenus si longtemps sur le pas de la porte, tu les as tous laissé rentrer dans un grand tremblement, en claquant des dents et en t'excusant auprès de nous, tu les as laissés rentrer, papa, j'en suis presque sûr, ton père, ta mère, Ardashes et Mariam, Flora, Léon et les autres, tous les autres, les morts-vivants, les suspendus, les déportés, les massacrés, les exilés, ceux de ton histoire, ceux que tu avais réussi à maintenir à bonne distance en récitant du latin et du grec en guise d'incantation ou en invoquant Rostand et Hugo, *les ministres intègres* et *les petits, les obscurs, les sans grades...*

Ils se faisaient d'ailleurs depuis quelques jours un peu plus pressants. Tu leur as offert un pays, la chaleur de ton corps, tu as fait linceul de ta peau. Et, dans ta forte carcasse qui ne te portait plus, les fantômes de notre histoire se sont engouffrés brutalement. Ils ont fait nid. Ils ne t'ont plus quitté, papa, surpris de tant de paix, émus de la fidélité retrouvée d'un fils qui leur avait si longtemps refusé l'hospitalité. Quelques mois après l'accident, papa tu t'en souviens, tu m'as dit : « J'ai l'impression d'être un sarcophage ». Alors j'ai pensé à ta sœur Janie et sa peau de fin de vie, ta sœur « Toutankhamon », dans cette troublante similitude de la symbolique des sarcophages égyptiens. Aujourd'hui tu as conservé l'enveloppe, inerte, la conscience des êtres et des choses, c'est sûr, une parole aussi, rare et difficile ; tes bras font parfois de grands tourbillons dans l'air, comme mus par quelques habitants internes à qui prendrait le loisir de s'ébrouer. Les morts-vivants ont désormais un lieu de villégiature, hélas le dernier que j'aurais souhaité voir investir.

Pour autant, l'histoire est-elle finie ? Si je peux écrire ces lignes aujourd'hui, c'est qu'en les maintenant au chaud en ton corps tu me protèges de cette entreprise risquée d'exhumation. Mais j'ignore si ces mots, les miens, creuseront la tombe qui pourra te libérer de tes hôtes encombrants.

LES CORPS HÉRITÉS

Au cours de mon voyage dans le corps des vivants et dans l'entre-deux confusionnel des morts-vivants, la part arménienne, paternelle en l'occurrence, occupait toute la place. Comme dans ma vie d'ailleurs. De ma conscience identitaire à l'impératif de transmission, le sceau fondateur, tout autant que l'interrogation, fut toujours empreint de la part tue et du silence signifiant qui l'entourait. Le vide à combler dans la réappropriation comme dans la re-création d'une histoire trouée aiguisait mon imaginaire et dégageait des espaces de liberté dans l'écriture ou la réécriture du roman généalogique. Bribes de mots, de récits, de souvenirs, rares photos, l'enquête (cherchez les corps !) possédait son objet central, ses victimes, ses témoins, parfois muets, et son assassin, connu mais insaisissable.

Mais plus le livre progressait dans son élaboration, plus un silence énigmatique épaississait : celui de la part française de cette histoire, la part maternelle. Celle-là n'avait nul besoin de s'incarner, de s'inventer ou s'interpréter, parce qu'elle était, tout simplement. Une grand-mère provençale et un grand-père lozérien formaient un couple aimé chez qui, enfants, nous passions nos mercredis après-midi et la plupart des fêtes familiales. De Maillane où elle est née de parents dont elle aimait à rappeler la douceur, ma grand-mère nous racontait ses chasses aux insectes avec l'entomologiste Jean Fabre au soleil de la campagne provençale. Aussi pieuse que mon grand-père était anticlérical, elle resta toute sa vie en exil d'amour d'un premier mari mort accidentellement à l'âge de vingt ans et dont elle garda le souvenir jusqu'à son dernier souffle. Couturière à domicile, elle travaillait selon son expression « pour le monde », usant ses yeux sur une antique Singer à pédales dont je me rappelle le bourdonnement jusque tard dans la nuit. Veuf lui aussi, l'exil de mon grand-père fut peut-être d'une autre nature. Enfant de paysans taiseux, il refusa, tout jeune encore, le Petit Séminaire pour louer ses bras dans les fermes lozériennes.

Après la Grande Guerre et les tranchées de Verdun sur lesquelles il garda tout au long de sa vie un blanc silence, l'exode rural le conduisit à Marseille. Il y fut manœuvre à la SNCF la nuit et continua à louer ses bras le jour comme jardinier dans les riches demeures marseillaises. Je garde le souvenir d'un intérieur modeste, des bouillottes chaudes réchauffant nos pieds l'hiver, des aiguilles qui jonchaient le sol dans le minuscule atelier de couture et que nous nous amusions à capturer avec un gros aimant en fer à cheval, les « patrons » en feuilles roides empilés sur les étagères, les roses et les hortensias de ma grand-mère, le jardin tiré au cordeau de leur petite maison ouvrière, tomates, salades, fraises odorantes cueillies-mangées, un poinçon en cuivre, mille graines mystérieuses dans de petits tiroirs de bois brut, une cuve à eau, quelques poules, pigeons et lapins comme rappel d'une campagne en miniature, les luxueux rameaux de Pâques, nos rires devant les films de Louis de Funès ou Fernandel, la cave aménagée en cuisine d'été, blanchie à la chaux, la fraîcheur du Cercle de boules de Saint Barnabé sous ses platanes centenaires, la 4 CV rutilante des voisins, un figuier prolifique, *La Vie du Rail* et le docteur Jujube en dernière page, les rétroviseurs magnifiques de nos vélos : ma petite France.

Ma mère est la plus jeune des cinq enfants de ces jeunes veufs en exil d'amour et de terre, unis par nécessité plus que par passion. Une vie de peu, vie laborieuse qui s'étira plus tard dans une retraite apaisée. Ma petite France… si proche et pourtant si peu constitutive de mon identité forgée sur l'intime silence du père. Si le corps de mon père parlait, s'interprétait, se reliait à une histoire, même trouée, étrangement le corps de ma mère demeurait muet et

réclamait qu'une enquête soit menée sur cet escamotage, au même titre que les corps niés du génocide.
Si elle resta longtemps en suspens de résolution, je ne fus pas inactif. Mon voyage s'étirait, les histoires s'écrivaient. Mes bagages de globe-trotter archéologue formaient un ensemble hétéroclite composé d'un divan, des deux livres de mes « bonnes mères arméniennes » et du corps de mon père investi de ses suspendus. Tandis que je cheminais avec cet étrange barda, en sherpa immobile du roman familial, les deux histoires firent progressivement sens.
Les corps en exil de mes grands-parents maternels s'étaient prolongés en une lignée difficile. Sur les cinq enfants, seule ma mère, la benjamine, fut peut-être exonérée d'une violence sociale et familiale qui s'incarna pour les autres dans des vies où la culpabilité, la maladie et le sacrifice eurent une part de choix.
Famille maternelle et paternelle se rejoignaient dans un même héritage de l'exil et de la survie : corps oubliés, déplacés, niés. Les intellectuels arméniens et les prolétaires français dialoguaient en connivence inconsciente dans une commune et précaire accession à la douceur des corps. Difficile abandon à la caresse, impératif de résistance face à la dureté d'une existence maltraitante.
Nous fûmes, nous, les enfants désirés de la réparation ou, peut-être, les enfants de la réparation tant désirée.
A ce stade du voyage, mon passé recomposé comme mon présent semblaient désormais s'être peuplés d'êtres de chair. Je me sentais, de fait, plus aguerri. La rencontre inopinée, au détour d'un chemin, du corps de mon ennemi put alors se dérouler sans peur, à armes égales.

LE CORPS DE MON ENNEMI

Le génocide des arméniens en 1915 est doublement fondateur puisqu'il inaugure la création de la Turquie moderne sur les cendres de l'Empire Ottoman et, de manière concomitante, l'organisation de la première extermination programmée d'un peuple au XXe siècle. Une naissance née de la mort, et sans cesse rappelée, parce que la négation du génocide par l'Etat Turc depuis l'origine lie historiquement et jusqu'à aujourd'hui ceux qui le perpétrèrent à ceux qui en furent les victimes.

Depuis près d'un siècle, bourreaux et victimes, suivis de leurs descendants, se sont acharnés, les uns dans leur combat pour la reconnaissance, les autres dans la négation du meurtre, à faire vivre les 1 million 500 000 morts laissés en suspension dans l'histoire de l'humanité et dans le vécu intime de chacune des parties.

Les uns réclament sépulture pour leurs morts, les autres arguent que l'on ne peut fermer une tombe sur des morts qui n'ont pas existé. Ainsi, 1 million 500 000 corps martyrisés constituent l'ultime enjeu de ce bras de fer, dans l'attente d'un aléatoire verdict. Mais, ironie de l'histoire, dans ce no man's land entre vie et mort, le rappel incessant de leur existence par la communauté arménienne avec, en miroir, leur négation par la Turquie, confère à ces corps errants une parfaite sécurité contre l'oubli. Ils sont devenus les spectateurs spoliés d'un combat à l'issue aussi incertaine que paradoxale : leur mort future, souhaitée par leur descendance et refusée par le bourreau. Comment dépasser aujourd'hui ce rapport archaïque qui a cimenté la relation névrotique entre Turcs et Arméniens ? Reconnaissance par un passage en force et condamnation internationale sans ambigüité ? Sursaut de la Turquie dans un acte de morale politique face à ce qu'il n'est plus possible de nier ? Pari d'une évolution par contamination démocratique dans le cadre d'une intégration européenne qui ouvrirait le champ à une repentance mémorielle ?

Ces scénarios, pour plausibles qu'ils soient, n'en demeurent pas moins réducteurs par rapport à une réalité plus complexe. Ils stigmatisent le bourreau sans prendre en compte les éléments qui pervertissent aujourd'hui, et pour les deux protagonistes, les conditions d'un règlement pacifié des relations arméno-turques.

Pour dépasser les blocages, un travail de déminage s'impose et il ne pourra s'opérer qu'à travers un douloureux voyage dans nos histoires respectives.

Car c'est un fait, depuis près d'un siècle la grenade dégoupillée passe d'un camp à l'autre sans qu'il n'y ait vraiment ni vainqueur ni vaincu; un état de latence, une guerre de position et, pour chacun des joueurs, une non-vie, au mieux une demi-vie; d'un côté la souffrance d'une généalogie niée, de l'autre, l'image sans cesse rappelée du meurtre initial, avec au bout du compte l'incapacité pour les deux parties d'une pleine inscription dans l'histoire. Double mémoire de l'empêchement, et double aliénation sous l'œil des suspendus, « des laissés en jachère » de sépulture depuis près d'un siècle.

Le génocide des Arméniens, premier du XXe siècle, est une réalité. Nul besoin en 2010 de commissions d'historiens, de paraphrases, de pudeur diplomatique ou sémantique à usage d'affadissement historique. Il suffit pour s'en convaincre d'être attentif à la permanence d'un héritage de la violence chez les descendants de ce génocide.

Cet héritage est fait du terreau brulant de tous les mots et témoignages qui attestent de la permanence de la perte et de la souffrance datée.

Ainsi, les générations post-génocidaires restent légataires, malgré le temps, d'une forme insidieuse d'irradiation dont les effets pervertissent encore aujourd'hui notre relation inconsciente à la vie, à la mort, à la transmission, à la filiation, au désir, au deuil, à la séparation... C'est ainsi, et chacun s'approprie comme il peut ce legs encombrant dans une économie personnelle de la survie aux manifestations multiformes.

Mais une fois admise cette réalité, je m'interroge naturellement sur le fait qu'elle concerne tout autant les descendants des bourreaux en tant que légataires historiques d'une hérédité meurtrière. Cette interrogation, ce voyage à travers le cœur et le corps de mon ennemi, loin d'être transgressifs pour l'Arménien que je suis, constituent un mouvement d'objectivation qui m'engage dans l'altérité. Par une mise à distance salvatrice, ce mouvement dénoue la relation mortifère et fusionnelle, relation en miroir, qui fonde et légitime, sans issue possible, mon propre empêchement, mais aussi celui de « mon ennemi », enraciné dans la négation du génocide.

Née d'un acte de mort, la Turquie moderne porte en elle la tache indélébile du meurtre. Comment construire une communauté de destin quand sont ainsi confondues la vie et la mort ? Comment se traduit un sentiment d'appartenance nationale lorsqu'il est fondé sur un meurtre de masse ? Comment enfin dépasser la honte d'une hérédité meurtrière ?

L'exercice est difficile pour la Turquie. Jusqu'à ce jour, le négationnisme d'état s'est imposé comme un impératif catégorique permettant d'assurer les conditions minimales d'un devenir collectif débarrassé du péché originel et de l'opprobre international.

Assumer l'effroyable transgression de ses fondateurs en reconnaissant la concomitance du meurtre et de sa négation, principe constitutif du fait génocidaire, signifierait pour la Turquie être renvoyée au meurtre de la mort elle-même et au meurtre du symbolique.

Mais au-delà des risques d'une révision douloureuse de l'histoire et de ses conséquences sur le corps social, la résistance de la Turquie à une reconnaissance du génocide peut aussi s'expliquer par la dimension transgressive qu'elle induirait en termes de rapport culturel à l'idée de vie et de mort. Reconnaître le génocide reviendrait en effet à exhumer des tréfonds de l'histoire et des consciences, 1 millions 500 000 morts niés, pour les rendre symboliquement à la vie et les tuer tout aussi symboliquement une seconde fois, « pour de bon ». Cela reviendrait en quelque sorte à tuer à froid, un siècle après le massacre. Cela reviendrait également à décrocher des édifices publics et, symboliquement, des esprits tous les portraits des fondateurs, des héros de la Turquie moderne, et à les juger par contumace pour leurs crimes passés.

Comment, dès lors, penser le vide abyssal d'une histoire qui se résumerait à une mystification organisée ? Comment concevoir le rapport à la transmission dès lors que celle-ci s'incarnerait, toute vérité révélée, dans la nudité d'un escamotage fondateur ?

Comment la Turquie pourrait-elle sortir de cette impasse : persévérer dans la négation qui « tue la mort » ou procéder à une reconnaissance qui « tuerait la vie » enfin révélée des non- exhumés ?

On ne se retourne pas sur un passé meurtrier sans douleur. Mal accompagnée, la prise de conscience d'une culpabilité collective de cette démesure peut être socialement et culturellement dévastatrice, et ce d'autant plus qu'il y a eu mensonge d'état, falsification et manipulation orchestrées au plus haut niveau. Si aveu il y a, aveu tardif, quelle confiance accorder aux élites dirigeantes? Quel chemin ardu pour s'approprier une nouvelle histoire collective ! Les risques de crise morale, politique, culturelle voire identitaire pour la nation entière sont considérables.

Et ce ne sont pas là les seules difficultés d'un règlement rationnel du problème des relations Arméno- Turques.

Dans une singulière perversion, le principe même d'une double transgression fonde peut-être ces relations depuis 1915, le meurtre de la mort par les turcs renvoyant les

Arméniens que nous sommes à une autre forme de transgression symbolique : celle, inconsciente, d'une confusion générationnelle liée à l'impossible deuil, chacun d'entre nous, descendants des suppliciés, constituant le lieu incestueux du corps unique, gros de toutes les générations confondues.

Victimes et bourreaux se trouvent ainsi liés, paradoxalement mais intimement, par une relation au symbolique qui pervertit la notion même de vie et de mort.

La revendication, tout autant que le refus de la reconnaissance du génocide, ne se situe donc pas dans les seuls registres du droit, de la justice, du politique ou de la morale. Un dépassement de la fusion mortifère et la double réappropriation du symbolique s'avèrent des conditions nécessaires pour l'accès à une transmission pacifiée de la vie.

Pour les uns et les autres, cet accès n'est possible qu'à travers la reconnaissance du poids de notre relation au symbolique dans nos histoires respectives, tout autant que de notre embarras à procéder à une réappropriation salvatrice de nos histoires.

Ce chemin commun à parcourir ouvrirait la voie d'une altérité bien comprise, grâce à laquelle les compensations traduites en termes de qualité de vie seraient bien supérieures aux dégâts engendrés par notre héritage du traumatisme.

Par ailleurs et au-delà de la souffrance, les descendants du génocide que nous sommes sont-ils prêts à renoncer au statut de victime, voire de martyre par délégation, statut qui confère malgré tout un certain confort psychique à travers le regard empathique des tiers ? Le caractère binaire de notre relation à la Turquie (bourreau-victime) et les nécessités de la mobilisation pour la reconnaissance laissent peu d'espace à d'éventuelles stratégies d'émancipation individuelle et collective hors le champ d'une pensée communautaire unique. Pour les mêmes considérations, le légitime combat pour la reconnaissance avec son impératif en termes d'échéance, obère toute capacité de projection dynamique sur les changements que cette même reconnaissance induirait quant au devenir d'une communauté cimentée dans une pratique de célébration, de lutte et de résistance. Comment, et malgré les bénéfices réels qu'une telle reconnaissance génèrerait, passer d'une culture de la martyrologie ou de la lutte à une culture communautaire déliée de l'empathie victimaire du tiers ? Penser l'après-reconnaissance conduit à une projection dans une réhistorisation salutaire, mais oblige aussi à penser le vide et à imaginer les conséquences d'un retour au « droit commun » : la renonciation du droit à l'exception victimaire et la mise en œuvre d'une émancipation dont les scénarios ne sont pas écrits d'avance. Quelle unité retrouver une fois nos morts enterrés, le bourreau disparu, et lorsque rendus à nous-mêmes, il nous faudra construire un destin non plus contre, mais avec.... ?

A n'en pas douter, les bénéfices certains liés à la reconnaissance du génocide ne seront pas exempts d'un sentiment de perte : la sortie du statut de victime, exactement comme la sortie du statut de bourreau, induira une forme de vide.

Cependant la prise de conscience de cette double perte par chacun des protagonistes contient probablement les éléments constitutifs d'une reconnaissance mutuelle de leur mémoire d'empêchement. Elle favoriserait un désarmement des deux parties, susceptible de dégager les prémisses d'un dialogue.

C'est aujourd'hui une évidence : la relation en miroir s'avère pathogène, incestueuse. Elle sonne le rappel constant à un double archaïsme, certes confortable pour les deux parties, mais dont on peut jauger le caractère invalidant à l'aune de notre incapacité mutuelle à sortir des postures imposées, renvoyés que nous sommes, au moindre mouvement, à une tragédie fondatrice qui a tordu notre rapport au réel et au symbolique.

Comment tenir droits avec nos corps tordus dans un double effroi, ces corps que nous avons adaptés tant bien que mal à la marche forcée ? « Comment devenir entier, trouver

Mémoire de la douceur qui vient

l'impossible moyen ? », interrogeait le poète arménien Emine. Peut-être en tentant le pas de côté. En sortant du miroir. Cette alternative, sans trahir nos convictions, permet d'accepter l'autre, tout comme soi-même, pour ce qu'il est, dans l'étendue de sa folie, avec ses limites, ses résistances, ses empêchements, c'est-à-dire dans son humanité ; dès lors, en chacun de nous, libérés de l'image inversée d'une haine s'entretenant comme braise soufflée, pourrait surgir une parole d'émancipation fondée sur la double reconnaissance de nos mémoires d'empêchement.

Marc-Alain Ouaknin, dans son livre, *Les Symboles du judaïsme*, nous invite à considérer la mémoire comme une mise en jeu de l'identité, une ouverture. Se souvenir serait, selon lui, s'ouvrir à l'autre. Il cite Rabbi Naham de Braslav : « Il n'y a de mémoire que dans le monde qui vient », ce qu'il traduit par « souviens-toi de ton futur ».

La mémoire serait-elle donc un futur ?

Et si nous partions de là ? Penser l'après pour parler de l'avant. Exercice salubre, condition nécessaire, mais non suffisante, car il nous faut simultanément revisiter le passé antérieur à la tragédie, dans le souci d'une double ré-historisation. Nous appartenons, turcs et arméniens du XXIe siècle, à des générations spontanées dont l'histoire débute par un évènement hypnotique, le drame fondateur.

Quels que soient nos efforts pour nous en émanciper ou le faire vivre, nous y sommes sans cesse renvoyés comme métal contre aimant. Naissance d'une nation contre naissance d'une douleur. En creux, un temps tronqué, réduit à l'événement, et phagocytant de fait les deux histoires dans leur entier et leur singularité.

Nos histoires sont donc neuves par défaut : pour nous, Arméniens, l'histoire commence avec la meurtrissure datée; pour les Turcs, dans une même unité de temps, elle commence avec le partage collectif d'une restauration narcissique aveugle liée à la perte d'un empire.

Cet impératif de double réappropriation d'une mémoire transcendant le temps de la tragédie, tant dans la prise en compte d'une histoire globale que dans la projection d'un futur dégagé de tout rappel à la culpabilité, porte en lui les éléments d'un déplacement psychique et spatial susceptible de désamorcer nos paroles armées. Sans en dénaturer la folie ni l'effrayante singularité (un génocide reste un génocide dans ce qu'il vise à la destruction du *génos*), « l'évènement » reviendrait prendre sa place dans une mémoire collective plus riche et plus vaste, comme un fait historique à relativiser non dans sa dimension morale ou politique, mais comme moment identifié dans un espace-temps de l'histoire des nations, lesquelles n'ont pas toujours, et c'est un euphémisme, été exemplaires, tant dans la constitution de leur identité nationale que dans une violence d'état organisée et idéologiquement légitimée.

Pour la Turquie, sortir du renvoi à l'exception et rentrer dans le droit commun des nations démocratiques en assumant son histoire, dans sa totalité, constituerait les fondements d'une maturité politique porteuse d'avenir.

Dans le cadre d'une double démarche, effectuée par les deux parties, le génocide des arméniens en tant que moment rejoindrait le champ des évènements à portée universelle dont l'exemplarité, au-delà de la célébration mémorielle, n'a de sens que dans la vigilance de tous, citoyens, états, organisations internationales, dans la prévention et la dénonciation de toute forme de répétitions meurtrières.

Pouvons-nous faire ce chemin seuls ou bien, avons-nous besoin d'aide pour nous engager vers un règlement définitif de la question arméno-turque ? Le recours au tiers accompagnateur, guide et caution bienveillante, est sûrement nécessaire.

Organisation internationale, Etat ou personnalité incontestée, le passeur devra se montrer apte à une double empathie, à la compréhension d'une certaine complexité identitaire ou avoir déjà lui-même été confronté à un processus de pardon.

Il faudra aussi des gratifications réciproques et, au risque de choquer, je dirais plus encore peut-être pour le bourreau que

Mémoire de la douceur qui vient

pour la victime. Pour les Arméniens, la reconnaissance, toute la reconnaissance du génocide et rien d'autre. Nulle compensation, ni financière, ni territoriale. Enterrer symboliquement nos morts reviendra à réintégrer le champ du vivant dans sa totalité. Il ne saurait être plus grande gratification.
Pour la Turquie, les bénéfices de la reconnaissance doivent se traduire autant politiquement que symboliquement. Politiquement, son entrée dans la Communauté Européenne constituerait pour elle comme pour nous un formidable pari politique, économique et culturel qu'on ne peut que soutenir. La sortie de la consanguinité judéo-chrétienne de la vieille Europe de plus en plus fermée sur elle-même milite définitivement pour une ouverture vers l'Orient et l'Asie.

Je rêve d'une Turquie à la mémoire pacifiée, une Turquie réconciliée avec toute son histoire, les yeux tournés vers l'avenir. Je rêve d'une Turquie traductrice et passeuse pour l'Europe de l'âme des cultures orientales, asiatiques et caucasiennes. Je rêve d'une Turquie garante de paix, forte de sa compréhension et de sa pratique de la complexité moyen-orientale. L'Europe n'a aucune conscience, dans sa frilosité « ethno-centrée », de la chance unique qu'un tel apport pourrait générer en termes diplomatiques, politiques, économiques ou culturels et bien évidemment dans la construction d'un espace de paix élargi.
Plus que pour tout autre pays, cette intégration a un sens. Elle inscrirait l'Europe dans une pluralité vivifiante, la confrontant à de nouveaux défis aux antipodes du discours frileux des anti-intégrationnistes. Leurs arguments ne servent la plupart du temps que de cache-sexe à la peur viscérale de voir un pays à majorité musulmane rejoindre la Communauté Européenne, voire à un racisme plus ou moins assumé.
Reconnus comme essentiels, ces rôles de passeur, traducteur, carrefour et force de paix, seraient susceptibles de combler le

vide laissé par la sortie du déni et la reconnaissance du génocide.

C'est en tout état de cause une autre manière pour l'Europe d'envisager cette intégration, un autre message à envoyer, une troisième voie à tracer, entre l'arrogance de la récompense octroyée pour bonne conduite et le pari d'une évolution démocratique par contamination.

Une intégration assumée comme projet collectif d'enrichissement culturel, politique, économique, voilà la réflexion que nous devons mener collectivement. Pour la Turquie, les bénéfices futurs de cette nouvelle page d'histoire à écrire sont sans commune mesure avec les effets paralysants et mortifères d'un renvoi perpétuel à l'accusation de meurtre. Le négationnisme d'état porté de manière autiste par le gouvernement turc est d'ailleurs, malgré une répression toujours active, en train de se nécroser lentement, le peuple et les élites sentant plus ou moins clairement, dans leur aspiration à une démocratie moderne, que l'on ne bâtit pas l'avenir sur le «cadavre d'un peuple assassiné». De la réaction de la rue après l'assassinat du journaliste Hrant Dink, « Nous sommes tous des Arméniens », jusqu'aux milliers de pétitionnaires du « Nous demandons pardon... », des voix courageuses se font entendre en Turquie, de plus en plus nombreuses : nous devons saisir ce moment et les soutenir en un dialogue exigeant qui se nourrira moins de l'héritage d'une culpabilité que d'une recherche commune des conditions nécessaires pour sortir de deux histoires en suspension d'avenir.

Mais les bénéfices de la reconnaissance du génocide par la Turquie devront se traduire, au-delà d'une nécessaire plus-value politique, en terme symbolique. Comment substituer à une culture du déni, des valeurs d'humanisme et d'universalité propre à refonder un projet collectif partagé ? L'émergence, pour les générations à venir, d'une mémoire du futur qui aura surmonté la perte, méritera la reconnaissance de la communauté internationale. Pourquoi pas une « nobélisation » de nos deux peuples pour la voie tracée en

termes d'exemplarité ? Pourquoi pas un double Nobel de la paix pour une double mémoire de la paix ?
Une reconnaissance pour une reconnaissance, voilà peut-être les termes d'une juste équation qui permettrait une sortie par le haut pour chacun des protagonistes.

LES CORPS AFFRANCHIS

Révélé ou non, l'héritage qui sommeille en chaque descendant de victime du génocide s'exprime plus ou moins bruyamment. C'est un discours à part entière. La mort non aboutie de nos ascendants nous parle en creux de notre fidélité à l'ordre perverti que nous entretenons avec la vie et la mort. La sudation générée par l'héritage inconscient des corps escamotés s'est transmise de génération en génération, quels que soient nos talents personnels ou collectifs à la contraindre.

L'un de mes frères est un chef d'entreprise fidèle à sa mémoire génocidaire. Sa spécialité : « Les stations d'épuration et le traitement des eaux ». Il a bâti sur cette expertise un indéniable succès économique.

Sous une autre orthographe, « épuration et traitement des os », sa grammaire génocidaire traduit sa réussite professionnelle dans un rapport quotidien au rappel du meurtre de masse. C'est son travail, sa fidélité mémorielle. Entre vie et mort.

Le second, après plusieurs expériences professionnelles infructueuses, a trouvé sa vocation. Il est masseur.

De plus, dans une dimension magique de sa pratique quotidienne des corps, le garçon aux doigts d'or, qualité que lui a toujours reconnue la famille dans une acception plus artisanale que curative, revendique volontiers des dons de « guérisseur ». Il restaure et ressuscite de ses mains les corps souffrants, les corps douloureux. Il agit sa fidélité mémorielle dans un travail de réparation symbolique. Alléger la souffrance des corps meurtris des vivants en écho de la plainte non éteinte des corps en souffrance du génocide.

Le plus jeune enfin, avocat-associé d'un grand cabinet américain, est un spécialiste reconnu en arbitrage. C'est l'homme du droit et de la loi. Le monde est son terrain de jeu, l'étranger, au sens géographique du terme, sa maison, de l'Europe à l'Asie.
Pour ce qui est de son prolongement personnel dans une transmission générationnelle, il n'a toujours pas arbitré.
12 novembre 2009. Mon père s'est assoupi. Comme chaque jour, la perfusion qui le nourrit coule lentement de la potence dressée à la tête du lit. Dans la chambre silencieuse, lui faisant face, photos familiales et dessins de ses petits-enfants forment l'horizon d'une géographie muette saisie au monde des vivants et des morts. Ma mère veille sur lui. La vie continue. Sous perfusion.
Pour moi, le voyage s'achève.
Ce livre est la tombe refermée d'un passé recomposé que vous, mes enfants, n'aurez plus à convoquer sauf à vous en servir comme bouclier contre l'empêchement. On ne peut être que mort ou vivant. Pas d'alternative ni de demi-mesure. Et si nos morts n'ont pas été reconnus comme tels, il m'incombait la responsabilité de cette petite cérémonie d'inhumation. Creuser une tombe symbolique de mes doigts malhabiles, mais la creuser quand même pour que vous n'ayez qu'à y déposer de temps à autre quelques fleurs fraîches, dans une fidélité à juste distance.
Peut-être vous permettra-t-elle d'entrevoir les voies d'un futur simplement plus humain.
Dès lors, ma fille, peut-être ton héroïne, la courageuse Antigone, se forgera-t-elle un autre destin que celui de donner sépulture aux morts de son histoire. Peut-être, mon fils, pourras-tu vivre ta vie rêvée et ne plus compatir à ma peine de midinette aux dernières notes de la chanson de Renaud, tu sais... « Le temps est assassin et emporte avec lui le rire des enfants ».
Pour le reste, nous gardons précieusement nos longues marches dans le Massif des Ecrins, les films de Truffaut, Wes Anderson, Vallée, Klapish..., la musique, toutes nos

Mémoire de la douceur qui vient

musiques passées et à venir, les juifs, les Arméniens, tous les autres en fraternité, les grands voyages à faire, les séparations douloureuses mais nécessaires, la folie apprivoisée, les gloires à venir, l'écriture pour toi, ma fille, ta belle écriture, et pour toi mon fils, la force du verbe et du témoignage. Je conserve aussi le visage d'Antoine Doisnel dans le dernier plan des « *Quatre cents coups* » et puis le même, devant son miroir, dans « *Baisers volés* ».
Le souvenir des « mon père !...mon fils !... ». Que nous nous renvoyions en riant quand tu étais petit, les yeux dans les yeux, riant de bonheur jusqu'à l'épuisement, si surpris que nous étions tous deux de cette victoire volée à la mort. Je garde dans le désordre le Canal Saint Martin, Saint Joseph les Maristes, le Cours Leschi, le Cours Florent, La Marsa, Venise, Holland Park, le square de la Grisette, St Léger, la Tête d'Indien, le jardin du Luxembourg, la place des Vosges, la rue d'Arcole, la rue Sylvabelle , la rue Edmond Rostand, Saint Victor, la place Castellane, la rue Haxo, la rue Nau, la gare Saint Charles, le Cours Pierre Puget, la rue Terrusse, la rue du Marché Popincourt, notre géographie de l'errance, sans que nous ne nous soyons jamais quittés, même au plus loin de nos déserts. Je garde le Café de la Banque, le Little, Al Dente, le Petit Mousse et ses couchers de soleil, le Belge, le Petit Boffinger et tous les autres, tous nos lieux de transit et de médiation, cafés et restaurants où circulaient nos paroles heureuses ou difficiles.
Les corps visités sont inscrits, à leur place. Même si la reconstitution est aléatoire ou subjective, ils demeurent désormais constitutifs de notre histoire familiale.
Celle-là m'évoque parfois l'intérieur des maisons de ces vieux arméniens. Le strict nécessaire, le minimum vital et le rappel à l'identité dans le peu et dans les restes. Un service à café oriental, une nappe de dentelle brodée à la main, quelques rares photos sauvées, en noir et blanc pour ceux d'avant, en couleur pour les enfants et petits-enfants, dans une vitrine un khatchkar finement sculpté rapporté

d'Arménie ou une statuette de danseurs folkloriques en albâtre, et quelques cartes postales punaisées au mur...

Mais pas de meubles de famille, pas de tableaux de famille, pas de vieux livres au cuir tanné, pas d'albums de photos ventrus ; point d'héritage transmis de génération en génération, sédiments tangibles des lignées bien établies.

Non, des intérieurs simplement témoins de l'exil, au décor anorexique.

Je me souviens, Parc de la Rose, le petit appartement de Flora, ma grand-tante d'adoption, mon père l'appelait *Firloucouli,* petite mère. Moi, même grand comme trois pommes, j'étais Eric « Pacha ». Plus tard, le marc de café dans lequel elle me lisait l'avenir après avoir retourné la tasse d'un geste vif m'ouvrait chaque fois les chemins d'un avenir glorieux, des promesses d'amour éternel et une vie aussi longue qu'un jour sans fin.

Aujourd'hui, ne subsiste dans mon souvenir du modeste habitat que la petite figurine en costume de danseur traditionnel arménien, rappel fragile mais suffisant d'une conscience solidaire à agir en échos d'autres combats et d'un futur à inventer...

Nos corps, offerts rétrospectivement à la douceur qui vient.

Remerciements

A Nina Kehayan, pour ses conseils avisés et sa chaleureuse implication
A Jean Kehayan pour son amical soutien
A Esther Biton, Nicolas Jude et Christian Albouy
A Léo et Lukas, affectueusement
A Gwenaëlle Rubinstein, pour m'avoir accompagné sans jamais douter
et sans qui ce livre ne serait pas
A ma famille

Table des matières

Avant-propos 11

Les corps suspendus 15

Les corps réinventés 19

Les corps irradiés (1) 25

Les corps irradiés (2) 27

Les corps fossilisés 31

Les corps témoins 33

Les corps sarcophages 35

Les corps hérités 43

Le corps de mon ennemi 47

Les corps affranchis 59

L'HARMATTAN, ITALIA
Via Degli Artisti 15 ; 10124 Torino

L'HARMATTAN HONGRIE
Könyvesbolt ; Kossuth L. u. 14-16
1053 Budapest

L'HARMATTAN BURKINA FASO
Rue 15.167 Route du Pô Patte d'oie
12 BP 226
Ouagadougou 12
(00226) 76 59 79 86

ESPACE L'HARMATTAN KINSHASA
Faculté des Sciences Sociales,
Politiques et Administratives
BP243, KIN XI ; Université de Kinshasa

L'HARMATTAN GUINÉE
Almamya Rue KA 028
En face du restaurant le cèdre
OKB agency BP 3470 Conakry
(00224) 60 20 85 08
harmattanguinee@yahoo.fr

L'HARMATTAN CÔTE D'IVOIRE
M. Etien N'dah Ahmon
Résidence Karl / cité des arts
Abidjan-Cocody 03 BP 1588 Abidjan 03
(00225) 05 77 87 31

L'HARMATTAN MAURITANIE
Espace El Kettab du livre francophone
N° 472 avenue Palais des Congrès
BP 316 Nouakchott
(00222) 63 25 980

L'HARMATTAN CAMEROUN
BP 11486
(00237) 458 67 00
(00237) 976 61 66
harmattancam@yahoo.fr

609877 - Juin 2015
Achevé d'imprimer par